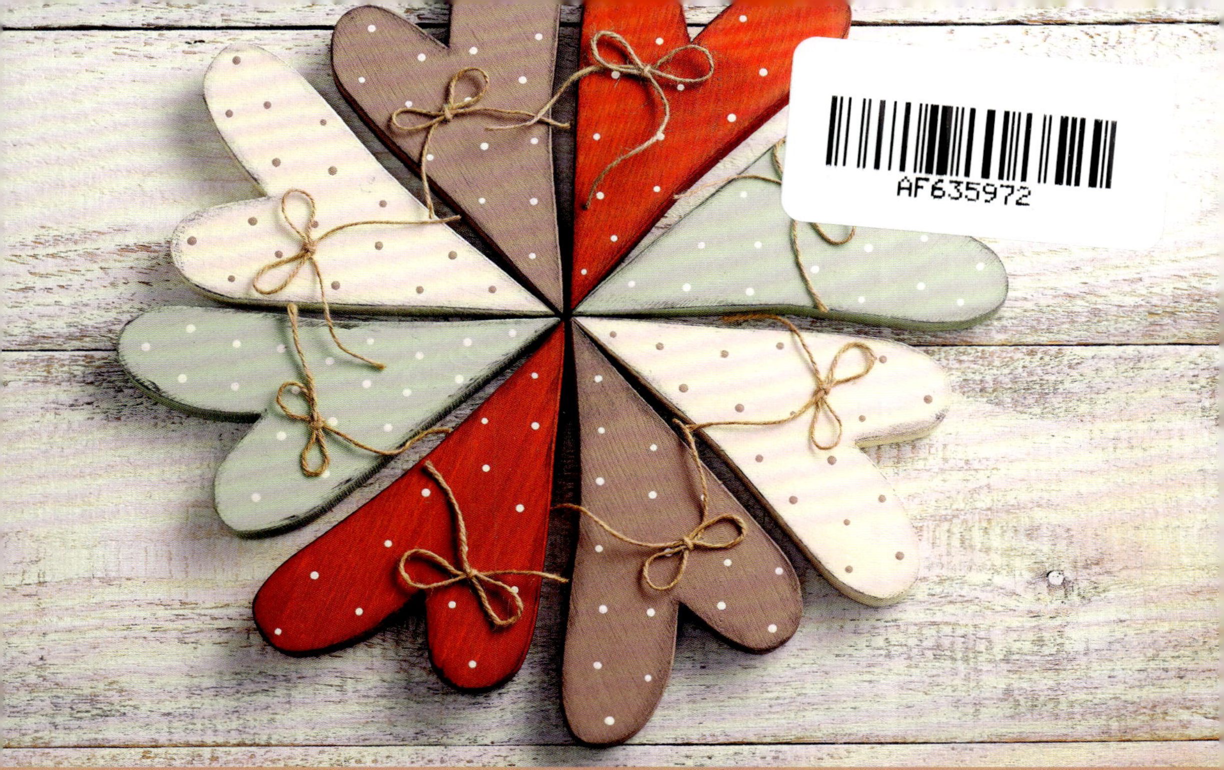

Die schönsten Geschenke sind immer die Selbstgemachten, denn sie kommen von Herzen und es steckt viel Liebe drin.

In unserem Buch zeigen wir Ihnen, wie Sie mit Holz, etwas Farbe und ohne großen Aufwand liebevolle Dekorationen und individuelle Geschenke für das ganze Jahr entstehen lassen können. Zudem soll „Herzliches aus Holz“ Raum für individuelle Gestaltung bieten und die eigene Kreativität anregen.

Lassen Sie sich inspirieren und teilen Sie unsere Begeisterung für den Werkstoff Holz.

Viel Freude und Spaß beim Gestalten wünschen Ihnen

Melanie Hüttinger

Marion Salomon

Tulpenliebe

eine bunte Mischung

MOTIVHÖHE
ca. 22 cm

MATERIAL

- Leimholz, 1,8 cm stark, 11 cm × 13 cm
- Leimholz, 2,7 cm stark, 12 cm × 12 cm
- Kreidefarben in Lachs, Safran, Antikviolett und Purple
- Acrylfarben in Ockergelb, Weiß und Dunkelgrün
- Metallstab, ø 6 mm, 11 cm lang
- Juteschnur, ca. 20 cm lang
- Holzbohrer, ø 6,5 mm
- Heißklebepistole
- Schere

VORLAGE
Bogen 1A

1 Die Tulpenblüte auf das Leimholz (18 mm) übertragen, aussägen und abschleifen.

Genauso verfahren Sie mit dem Tulpenständer aus dem stärkeren Leimholz.

2 Mit dem Holzbohrer an den Markierungen jeweils 2,5 cm tief einbohren.

3 Tragen Sie nun die gewünschte Blütenfarbe auf und lassen Sie diese kurz antrocknen. Der noch feuchte Anstrich wird mit Weiß bis zur gewünschten Aufhellung unregelmäßig verwischt. Den Tulpenständer mit Dunkelgrün bemalen. Dann alles gut trocknen lassen.

4 Die Farbe von den Kanten aller Holzteile mit Schleifpapier abschleifen.

5 Zuletzt den Stiel mit Heißkleber in den Bohrlöchern haltbar befestigen.

6 Die Juteschnur zu einer Schleife binden und diese ebenfalls mit Heißkleber an dem Tulpenständer festkleben. Und schon zieht ein Hauch von Frühling bei Ihnen ein.

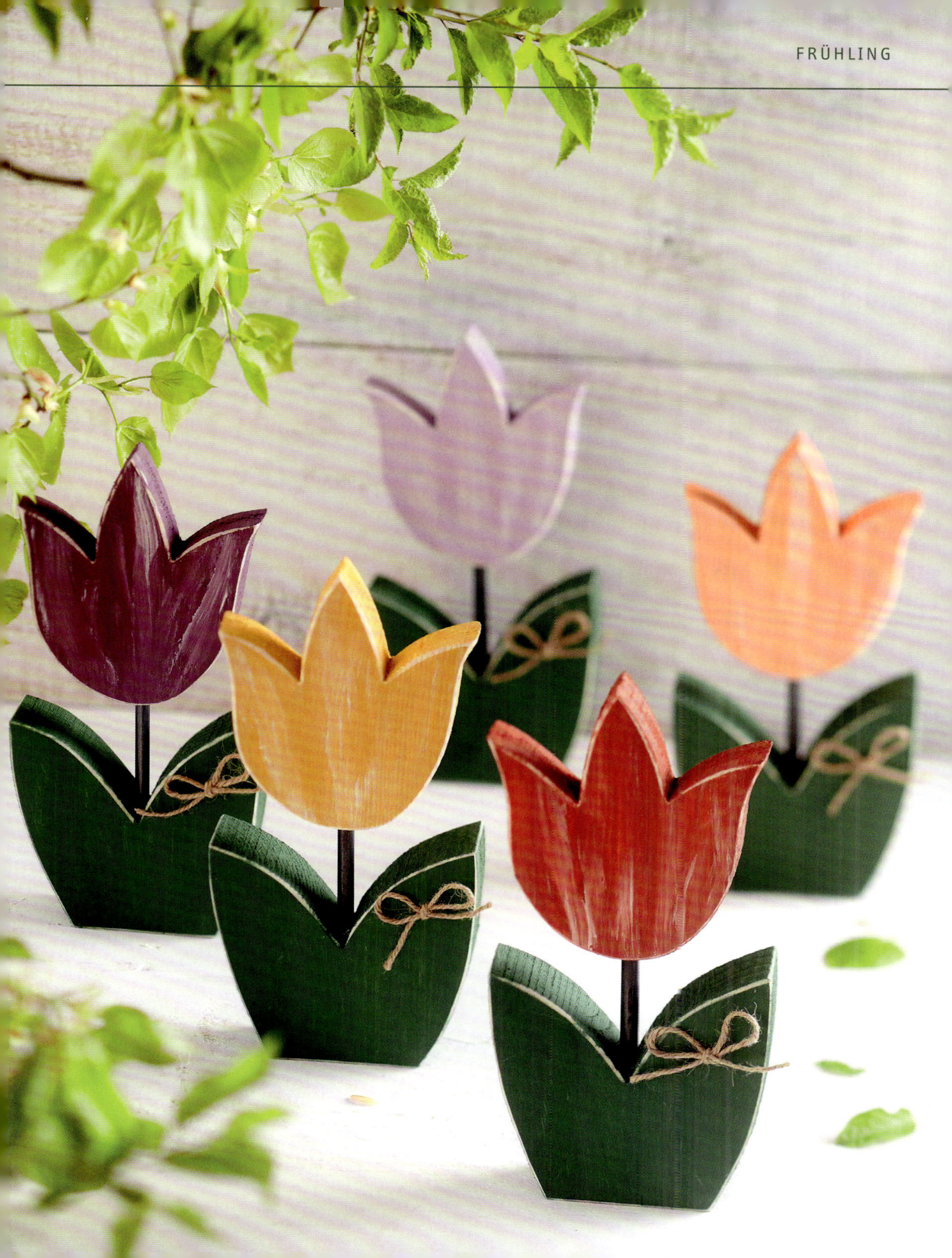

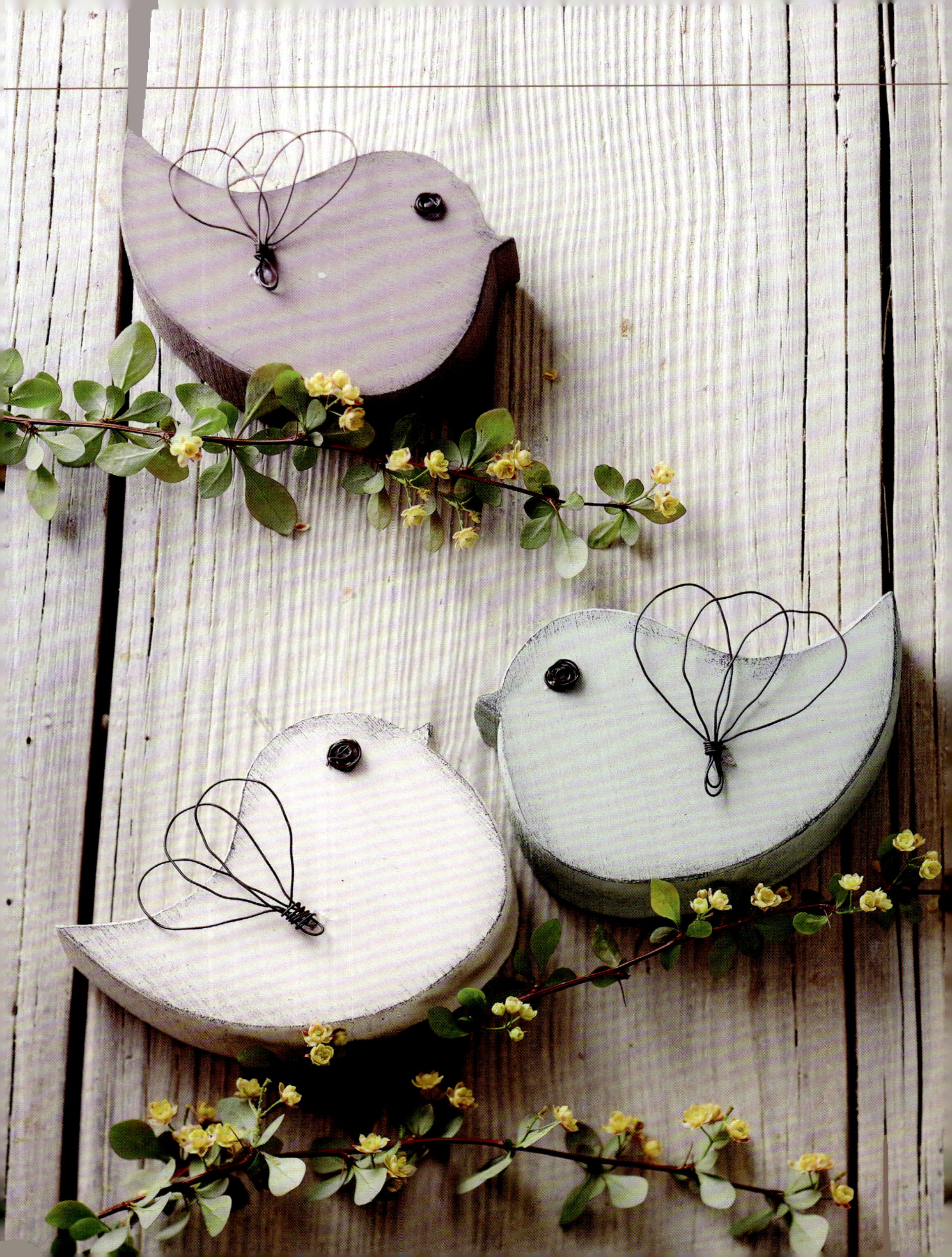

Vogelschar

Piepmätze für innen und außen

MOTIVHÖHE
ca. 8 cm

MATERIAL
- Leimholz, 2,7 cm stark, 13 cm × 11 cm
- Kreidefarben in Mistel und Mocca
- Acrylfarben in Weiß und Schwarz
- Wickeldraht, braun, ø 0,65 mm, 8 cm und 50 cm lang
- Holzbohrer, ø 1,5 mm
- Schaschlikspieß
- Rundstab o. ä., ø 6 mm und 1,5 cm
- Seitenschneider
- Heißkleber

VORLAGE
Bogen 2B

1 Die Vögel laut Vorlage auf das Leimholz übertragen, aussägen und die Kanten rundherum mit Schleifpapier glätten.

2 Bemalen Sie die Vögel in den gewünschten Farbtönen und lassen Sie die Vögel gut trocknen.

3 Nun werden die Kanten mit etwas schwarzer Farbe und Pinsel schattiert.

4 Für die Augen den 8 cm langen Wickeldraht 3-mal um den ø 6 mm Rundstab wickeln und wieder abnehmen. Danach den verbliebenen Draht ganz um den Schaschlikspieß aufwickeln. Zum Schluss den kleineren in den größeren Kreis drücken.

5 Für die Flügel den Draht nun 3-mal übereinander zur Schlaufe formen (ca. 2,5 cm × 5 cm). Mit dem längeren Rest die Schlaufen fest umwickeln. Den kurzen Draht nach hinten biegen und auf 1 cm einkürzen. Flügel fächerartig auseinanderziehen.

6 Abschließend wird das Loch für die Flügel laut Vorlage 1 cm tief gebohrt.

7 Nun noch die Augen und Flügel mit Heißkleber befestigen und schon kann das fröhliche Gezwitscher losgehen.

Elegante Hasenpaare

DER Blickfang zu Ostern

MOTIVHÖHE
ca. 24 cm und 29 cm

MATERIAL
GROSSER HASE
- Leimholz 1,8 cm stark, 19 cm × 31 cm

KLEINER HASE
- Leimholz, 1,8 cm stark, 16 cm × 26 cm

- Acrylfarbe in Weiß und Schwarz
- Kreidefarbe in Mocca
- Schaschlikspieß
- Juteschnur, ca. 60 cm und 75 cm lang
- Papieranhänger ca. 6 cm × 2 cm bzw. 6 cm × 1,5 cm
- Stempel mit Stempelkissen
- Schere

VORLAGE
Bogen 2B

1 Die Hasenvorlagen auf das Leimholz übertragen. Nach dem Zuschnitt die Kanten mit Schleifpapier glätten.

2 Malen Sie dann jeweils ein Hasenpaar in der Kreidefarbe Mocca sowie in der Acrylfarbe Weiß an. Im Anschluss lassen Sie alles gut trocknen.

3 Mit dem Ende des Schaschlikspießes das Auge in Schwarz auftupfen. Danach wird mit den restlichen Punkten genauso verfahren. Trocknen lassen.

4 Nun bekommen die Hasen ihre Wangen, indem Sie wenig Weiß bzw. Mocca sehr dünn in kreisförmigen Bewegungen auftupfen. Die Ränder der weißen Hasen werden in Mocca schattiert, die der moccafarbenen in Schwarz.

5 Die Papieranhänger mit einem Stempel Ihrer Wahl gestalten.

6 Zuletzt die Juteschnur mit den Papieranhängern um den Hals der Hasen wickeln und mit einer Schleife versehen.

Unser Tipp für Sie

Testen Sie das Auftupfen der Wangen am besten vorher auf einem Stück Papier.

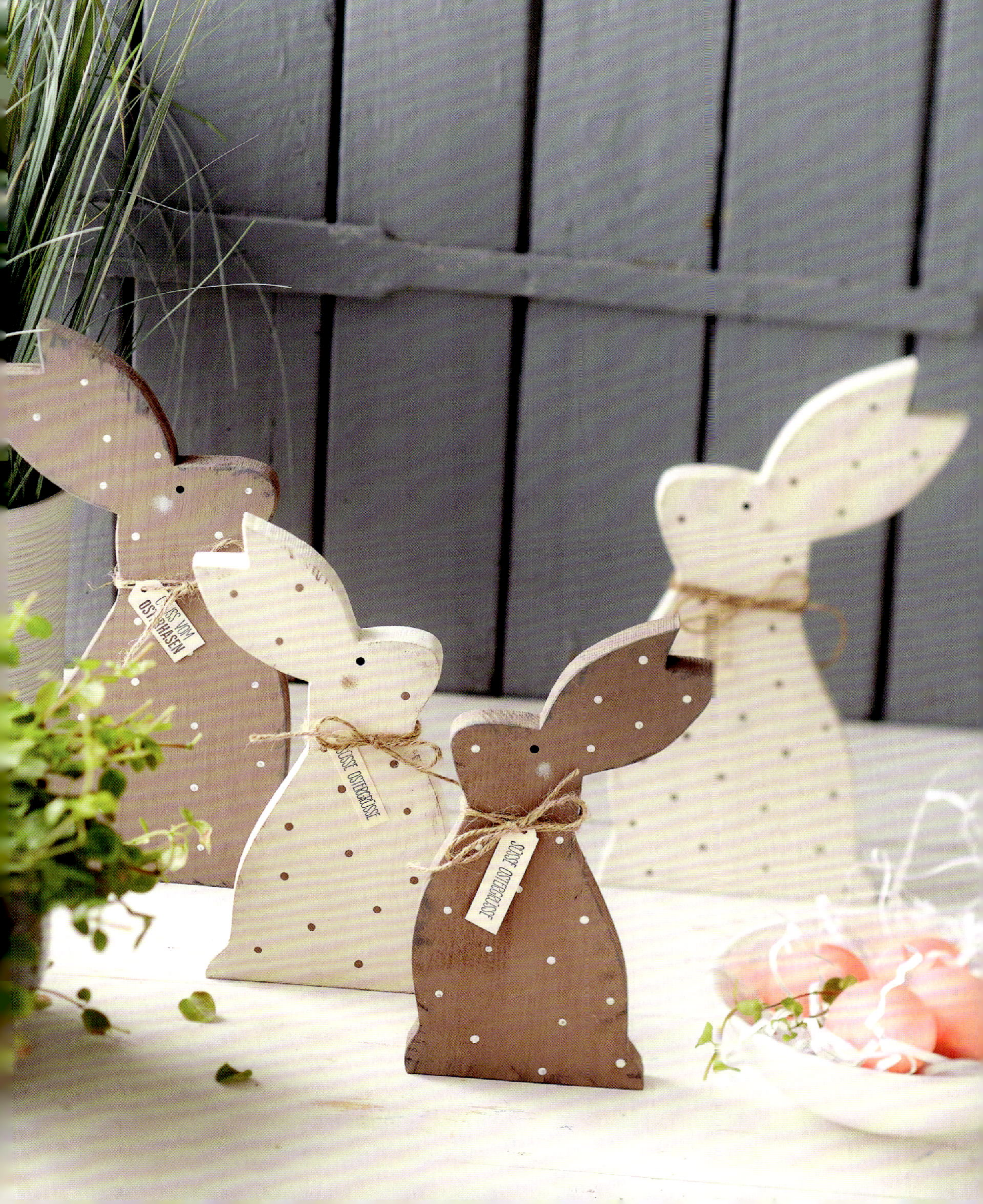
SÜSSE OSTERGRÜSSE
SÜSSE OSTERGRÜSSE

Familie Gockel

mit ihren putzigen Küken

MOTIVHÖHE
ca. 20 cm und 9 cm

MATERIAL

HAHN

- Leimholz 1,8 cm stark, 19 cm × 23 cm

HENNE

- Leimholz, 1,8 cm stark, 17 cm × 23 cm

KÜKEN

- Leimholz, 1,8 cm stark, 8 cm × 11 cm

- Acrylfarbe in Elfenbein, Bordeaux und Schwarz
- Kreidefarbe in Mocca
- Schaschlikspieß
- Juteschnur, ca. 60 cm und 75 cm lang
- Bortenband in Creme, selbstklebend, ca. 40 cm lang
- 2 braune Knöpfe, ø 2 cm
- Hühner- oder Fasanfedern
- 2 Tieraugen, schwarz, ø 3 mm
- Fimo in Dunkelrot
- Heißkleber
- Schere

VORLAGE
Bogen 1A

1 Die Hühnerfamilie von der Vorlage abzeichnen, aussägen und abschleifen.

2 Färben Sie den unteren Teil von Hahn, Henne und Küken mit der moccafarbenen Kreidefarbe. Nach dem Trocknen tragen Sie mit Elfenbein den Rest des Körpers auf. Dabei sparen Sie die weiteren Körperteile laut Vorlage aus. Im Anschluss lassen Sie alles gut trocknen. Mit einem dünneren Pinsel werden nun Schnabel, Kamm und Kehllappen in Bordeaux bemalt.

3 Die Ränder der Hühnerfamilie werden mit Schwarz schattiert. Mit dem stumpfen Ende des Schaschlikspießes das Auge von Hahn und Henne in Schwarz stempeln. Danach die moccafarbenen Teile mit Punkten in Elfenbein gestalten. Trocknen lassen.

4 Für die Schnäbel der Küken wird zuerst aus wenig Fimo ein Kegel geformt. Mit einem Messer die Modelliermasse von der spitzen Seite her einschneiden und die so entstandenen Teile leicht auseinanderdrücken und formen. Die Schnäbel nach Packungsaufschrift im Backofen aushärten lassen.

5 Zum Schluss noch auf alle Familienmitglieder die Borte auf die Vorderseite und die Seitenkanten kleben. Auf die Juteschnur einen Knopf fädeln, um Hahn bzw. Henne binden und mit Knoten und Schleife befestigen. Danach wird die Feder mit Heißkleber unter dem Knopf befestigt.

6 Für die Küken kleben Sie mit Hilfe des Heißklebers die Schnäbel mittig auf und bringen die Tieraugen laut Vorlage an. Danach werden noch die Federn als Kopfbedeckung und Flügel am Küken haltbar fixiert.

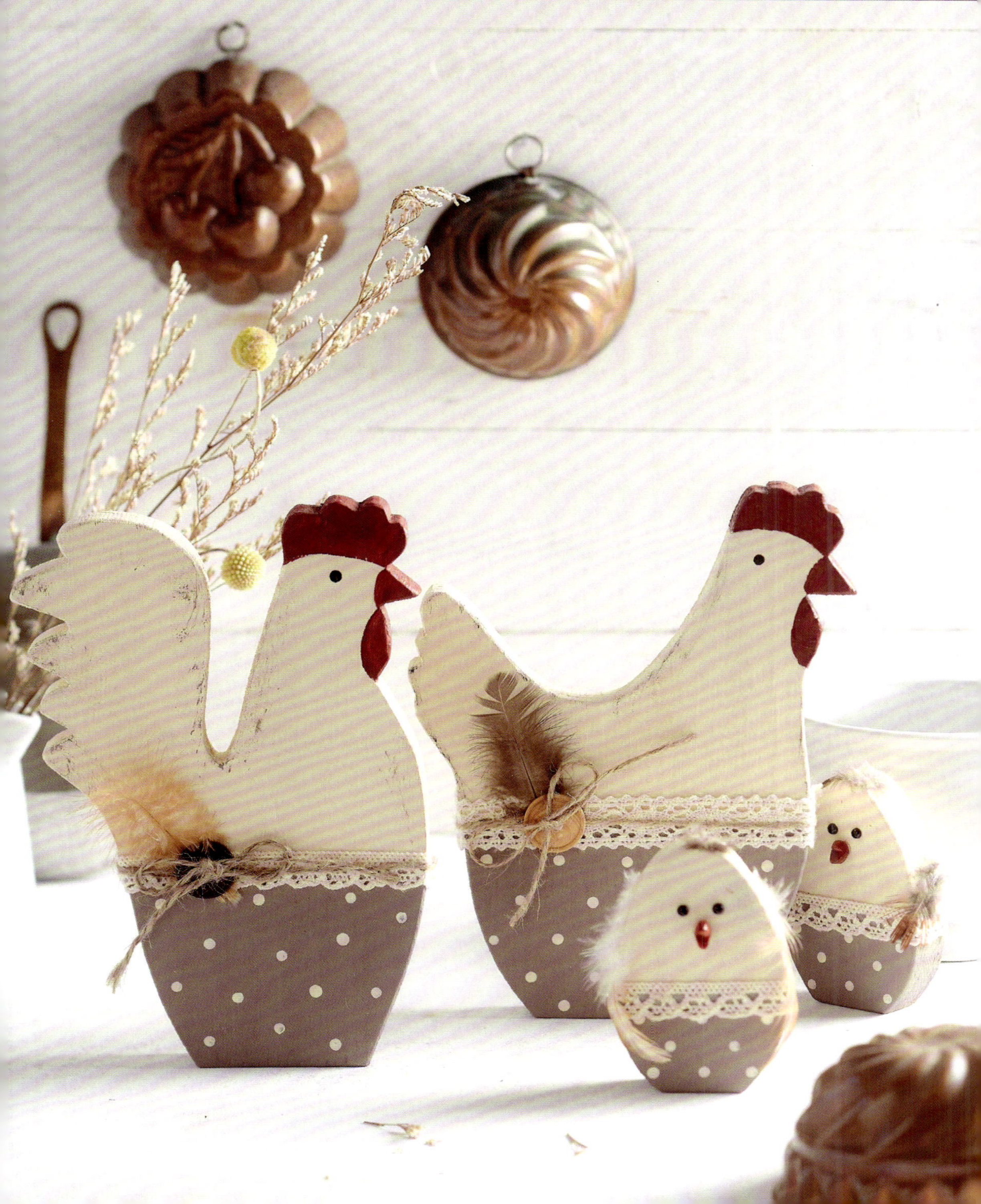

Glückswächter

mit Mosaikherz

MOTIVHÖHE
ca. 54 cm

MATERIAL

- Holzklotz, 8 cm × 8 cm × 11 cm
- Holzklotz, 5 cm × 5 cm × 8 cm
- Holzklotz, 6,5 cm × 6,5 cm × 2 cm
- Holzklotz, 9,5 cm × 5 cm × 2,5 cm
- 2 Holzwürfel, 5 cm × 5 cm × 5 cm
- Leimholz, 1,8 cm stark, 14 cm × 15 cm
- Leimholz, 1,8 cm stark, 9 cm × 9 cm
- Holzkugel, durchbohrt, ø 5 cm
- Holzkugel, halbgebohrt, ø 3,5 cm
- Acrylfarbe in Weiß und Rotbraun
- Mosaiksteine (Joy- oder Tiffanyglas, Softglas polygonal) in Rot und Braun, 10 mm × 10 mm × 4 mm,
- Mosaiksteine (Muranoglas) in Dunkelgrau, 20 mm × 20 mm × 4 mm
- Mosaikkleber
- Mosaikfugenmasse in Weiß
- Metallrundstab, ø 6 mm, ca. 46 cm lang
- Holzbohrer, ø 6,5 mm
- Holzbohrer, lang, ø 7 mm
- Juteschnur, ca. 70 cm lang
- Bunsenbrenner
- Drahtstahlbürste
- Heißkleber
- Schere

VORLAGE
Bogen 1B

1 Das Herz und den Kreis vom Vorlagebogen übertragen, aussägen und abschleifen. Die Holzklötze und Holzwürfel nach Materialangabe zuschneiden und Kanten glätten.

2 Das ausgesägte Herz wird mit dem langen Holzbohrer, wie auf der Vorlage angegeben, ganz durchbohrt. Der große Holzklotz (8 cm × 8 cm × 11 cm) wird mittig mit dem Holzbohrer (ø 6,5 mm) 5 cm tief gebohrt. Die restlichen Klötze mittig laut Foto durchbohren.

3 Die Anleitung für das Mosaikherz entnehmen Sie der Ausklappseite „So wird's gemacht". Flammen Sie nun mit dem Bunsenbrenner beide Holzwürfel sowie den großen Holzklotz. Danach werden die Oberflächen mit der Drahtstahlbürste in Maserrichtung bearbeitet.

4 Den Kreis und den Holzklotz (5 cm × 5 cm × 8 cm) mit weißer Acrylfarbe anmalen. Die restlichen zwei Holzstücke rotbraun anmalen und anschließend alles gut trocknen lassen.

5 Den Metallstab in den größten Holzklotz stecken und mit Heißkleber festkleben.

6 Die restlichen Holzteile laut Abbildung auffädeln.

7 Abschließend den Ständer mit einer Schleife versehen.

Unser Tipp für Sie

Zum Flammen von Holz eignet sich Weichholz (z. B. Fichte) am besten.

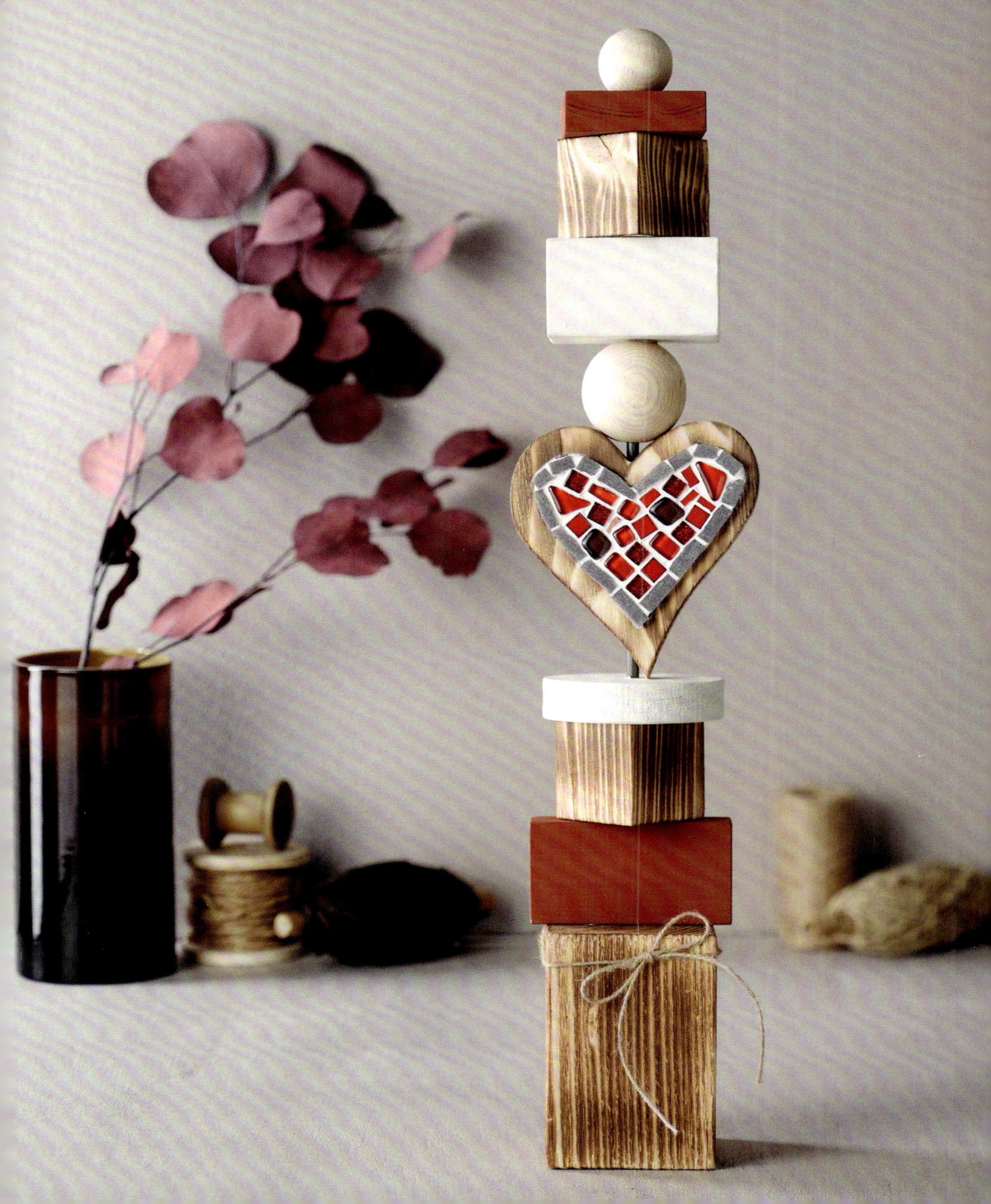

Süße Kätzchen

zieren das ganze Jahr über

MOTIVHÖHE
ca. 17 cm und 21 cm

MATERIAL

GROSSE KATZE

- Leimholz 1,8 cm stark, 20 cm × 24 cm

KLEINE KATZE

- Leimholz, 1,8 cm stark, 17 cm × 20 cm

- Acrylfarbe in Schokobraun
- Kreidefarbe in Mocca
- 2 Herzanhänger in Silber, ca. 2 cm
- Juteschnur, 1,5 m lang
- Schere

VORLAGE
Bogen 1A

1 Die Katzen laut Vorlage aus dem Leimholz aussägen und die Sägeränder mit Schleifpapier glätten.

2 Die Kreidefarbe auf die Seitenflächen auftragen. Danach Vorder- und Rückseite in Schokobraun anmalen und noch im nassen Zustand mit Mocca übermalen. Trocknen lassen.

3 Die Oberflächen sowie die Kanten unregelmäßig stark anschleifen, sodass stellenweise keine Farbe mehr zu sehen ist.

4 Zuletzt binden Sie die Juteschnur mir Herzanhänger um den Hals der Kätzchen.

5 Und schon sind zwei süße Katzen bei Ihnen eingezogen.

Unser Tipp für Sie

Die Farbe muss nicht ordentlich aufgetragen werden, da sie später noch abgeschliffen wird.

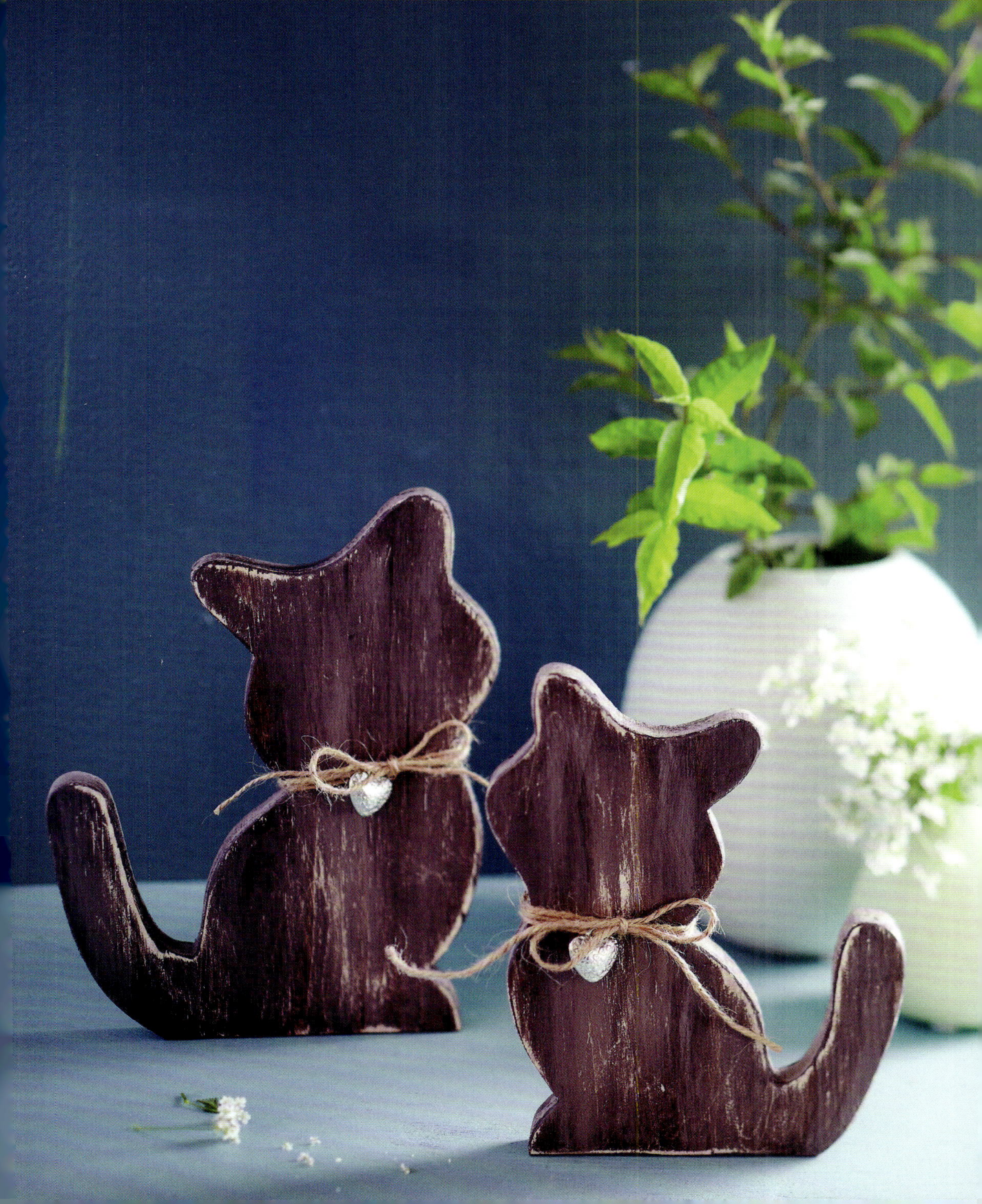

Dekoratives Herz

im Landhausstil

MOTIVHÖHE
ca. 43 cm

MATERIAL

- Leimholz, 1,8 cm stark, 24 cm × 24 cm
- Holzklotz, 8 cm × 8 cm, 19 cm lang
- Acrylfarbe in Weiß und Dunkelbraun
- Holzlasur in Eiche
- Metallrundstab, ø 6 mm, 14 cm lang
- Schaschlikspieß
- Holzbohrer, ø 6,5 mm
- kariertes Band, 1,5 cm breit, 70 cm lang
- Heißkleber
- Schere

VORLAGE
Bogen 2A

1 Die Herzvorlage auf das Leimholz übertragen. Nach dem Zuschnitt werden die Kanten mit Schleifpapier geglättet. Den Holzpfosten zuschneiden, Kanten und Oberflächen abschleifen.

2 Danach in der Mitte des Pfostens ein 5 cm tiefes Loch bohren. Ebenfalls das Herz nach Markierung 5 cm tief einbohren.

3 Malen Sie das Herz in der weißen Acrylfarbe an. Der Pfosten wird mit der Eichenlasur gleichmäßig gestrichen. Im Anschluss lassen Sie alles gut trocknen. Danach das Herz mit dunkelbrauner Acrylfarbe und Schaschlikspieß bepunkten.

4 Nun den Metallrundstab im Pfosten mit dem Heißkleber festkleben, das Herz aufstecken und ebenfalls fixieren.

5 Jetzt müssen Sie nur noch das karierte Band um den Rundstab binden und mit einer Schleife schließen.

Unser Tipp für Sie

Alternativ können Sie auch einen Holzrundstab verwenden.

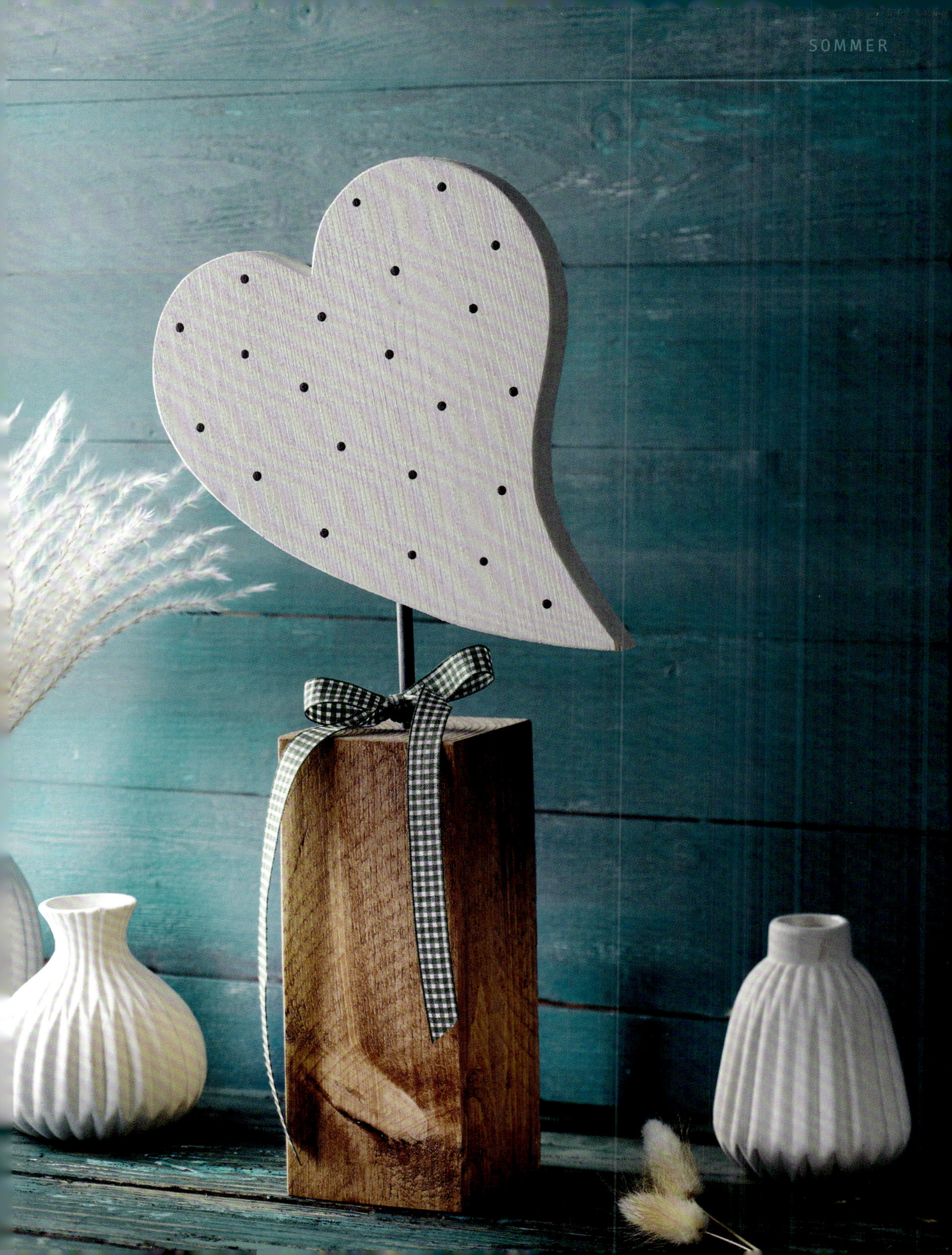

Glückswächter „Maritim“

da kommt Urlaubsfeeling auf

MOTIVHÖHE
ca. 54 cm

MATERIAL

- Leimholz, 1,8 cm stark, 15 cm × 22 cm
- Metallrundstab, ø 6 mm, ca. 50 cm lang
- Birkenstück, Höhe 10 cm, ø 8 cm
- 2 Birkenstücke, Höhe 2 cm, ø 6 cm
- 3 Holzkugeln, durchbohrt, ø 3,5 cm, 4 cm und 5 cm
- Holzkugel, halbgebohrt, ø 4 cm
- Acrylfarbe in Weiß, Hellgrau, Dunkelgrau, Azurblau und Schwarz
- Holzlasur in Eiche
- 2 Treibholzstücke in Natur, 10 cm und 13 cm lang
- 2 Treibholzstücke in Weiß, 10 cm und 5 cm lang
- Jutekordel, ø 6 mm, 85 cm lang
- Holzbohrer, ø 6,5 mm
- Heißkleber
- Schere

VORLAGE
Bogen 1B

1 Die Fische und die Möwe aus dem Leimholz aussägen und die Kanten rundherum mit Schleifpapier glätten. Die Holzfiguren ganz durchbohren. Im Anschluss werden die Treibhölzer sowie die zwei kleinen Birkenstücke ebenfalls mittig durchbohrt, der Birkenklotz nur halb.

2 Ein Fisch wird jeweils in Dunkelgrau und Azurblau bemalt. Die Konturen für die Möwe zeichnen Sie mit Bleistift vor und malen diese nach Abbildung an. Für den Shabby Chic-Style die Ränder nach dem Trocknen mit Schleifpapier anschleifen.

3 Die Holzkugel ø 5 cm in Azurblau und die restlichen Kugeln in Weiß bemalen.

4 Nach dem Trocknen stecken Sie den Rundstab in den größeren Birkenklotz und fädeln alles wie abgebildet auf.

Unser Tipp für Sie

Bevor der Metallstab fest mit dem Birkenklotz fixiert wird, sollten vorab alle Teile zur Probe aufgefädelt werden, um sicherzustellen, dass die Länge letztendlich auch passt.

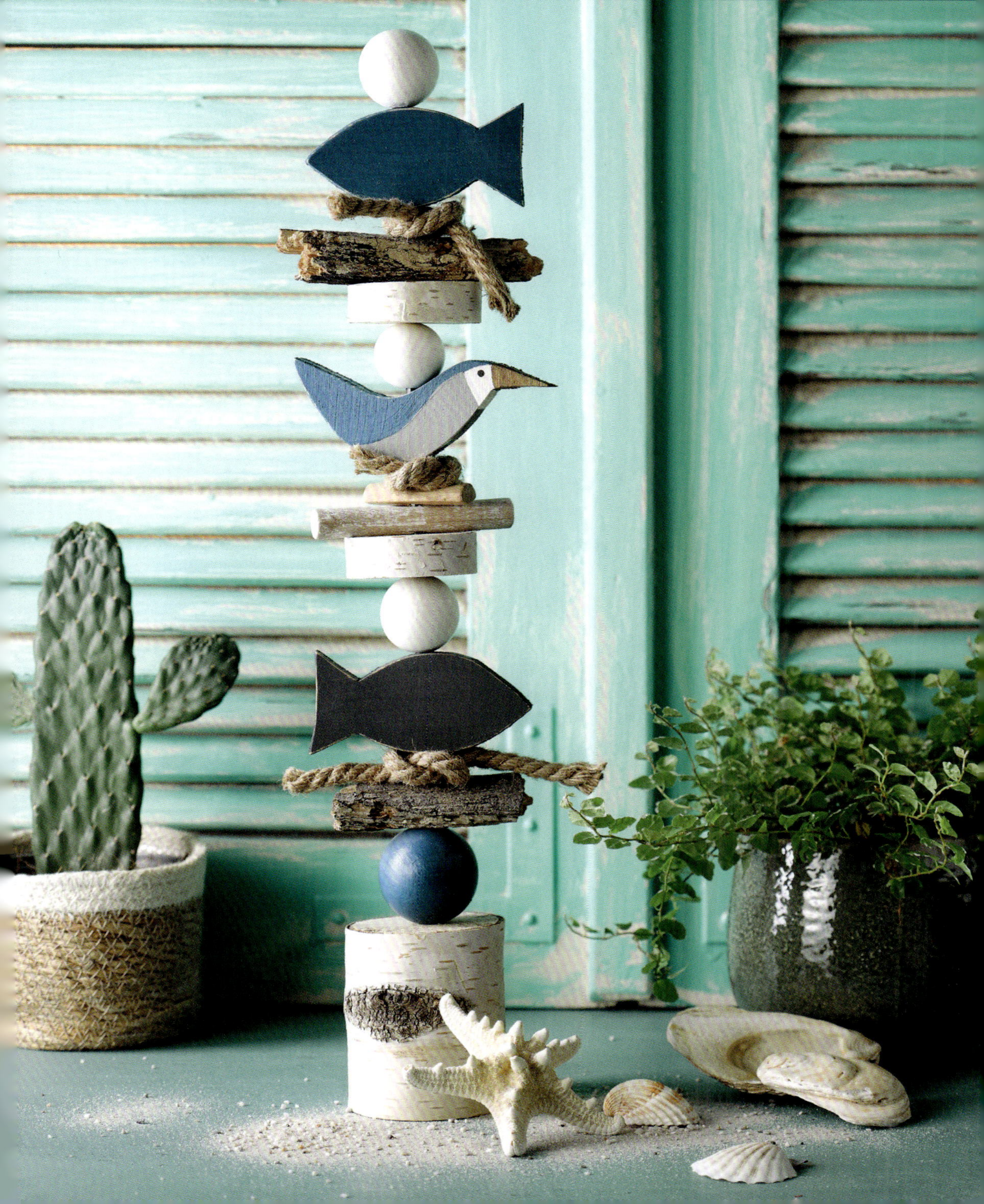

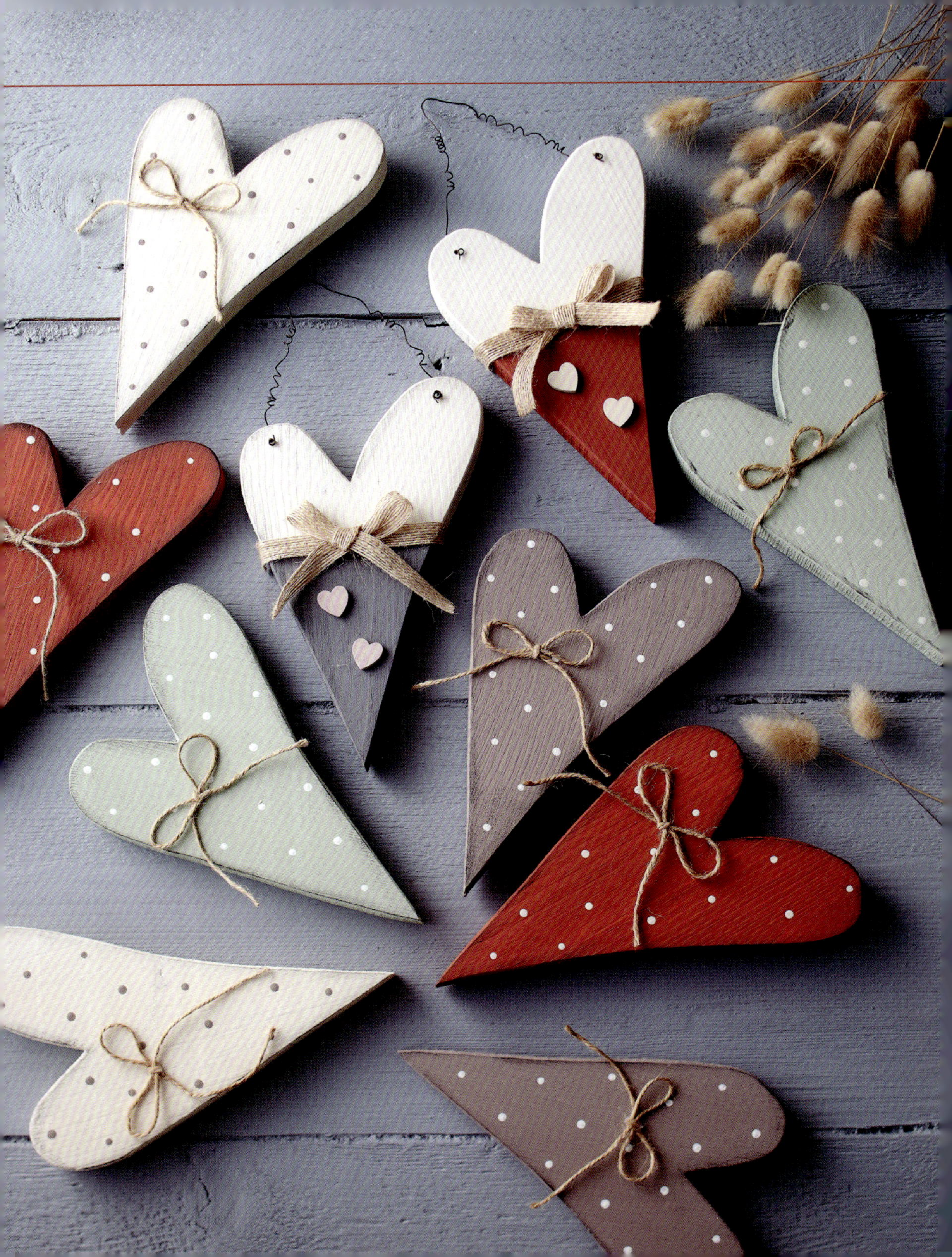

Bezaubernde Herzen

zum Aufhängen

MOTIVHÖHE
ca. 19 cm (ohne Aufhängung)

MATERIAL

- Leimholz, 1,8 cm stark, 14 cm × 22 cm
- Acrylfarbe in Weiß und Schwarz
- Kreidefarbe in Mocca, Mistel und Safran
- Schaschlikspieß
- Holzbohrer, ø 1,5 mm
- brauner Blumendraht, ø 0,65 mm, ca. 50 cm lang
- Seitenschneider
- Juteschnur, ca. 27 cm
- Schere
- Heißkleber

VORLAGE
Bogen 2A

1 Die Herzvorlage auf das Leimholz übertragen. Nach dem Zuschnitt werden die Kanten mit Schleifpapier geglättet.

2 Die Herzen bemalen Sie nun in den entsprechenden Farben und lassen diese gut durchtrocknen.

3 Danach werden die Oberflächen in Weiß bzw. Mocca gepunktet.

4 Nach dem Trocknen die Ränder mit schwarzer Acrylfarbe schattieren.

5 Die Juteschnur zu einer Schleife binden und mit Heißkleber am Herz befestigen.

6 Anschließend mit dem Holzbohrer laut Markierung zwei Löcher bohren.

7 Für die Aufhängung den Draht von hinten nach vorne schieben und ca. 3 cm überstehen lassen. Das kurze Ende nun mehrmals um das stumpfe Ende des Schaschlikspießes wickeln, wieder abnehmen und plattdrücken. Den restlichen Draht laut Foto formen.

8 Das Drahtende durch das zweite Loch führen und, wie anfangs beschrieben, umwickeln.

Unser Tipp für Sie

Alternativ können Sie die Herzen auch zweifarbig gestalten.

Klassische Pilze

in Rot und Weiß

MOTIVHÖHE
ca. 17 cm und 21 cm

MATERIAL

GROSSER PILZ

- Leimholz 1,8 cm stark, 17 cm × 20 cm

KLEINER PILZ

- Leimholz, 1,8 cm stark, 13 cm × 16 cm

- Acrylfarbe in Feuerrot, Weiß und Schwarz
- Juteschnur, 50 cm und 60 cm lang
- Schaschlikspieß
- Schere

VORLAGE
Bogen 1A, 2B

1 Die Vorlagen vom Motivbogen auf das Holz übertragen, aussägen und die Kanten mit Schleifpapier brechen.

2 Nun bemalen Sie zuerst mit Weiß den Stiel auf der Vorder- und Rückseite. Nach dem Trocknen wird die rote Farbe ebenfalls beidseitig nach Vorlage aufgetragen.

3 Danach bekommen die Fliegenpilze ihre Punkte, indem man jeden einzelnen Punkt vorsichtig mit dem stumpfen Ende eines Schaschlikspießes in die weiße Farbe tunkt und diese am Hut des Pilzes aufbringt.

4 Jetzt müssen Sie noch die Ränder der Pilze mit wenig schwarzer Farbe und einem Pinsel schattieren.

5 Zu guter Letzt wird die Juteschnur zweimal um den Stiel gewickelt und mit einer Schleife fixiert.

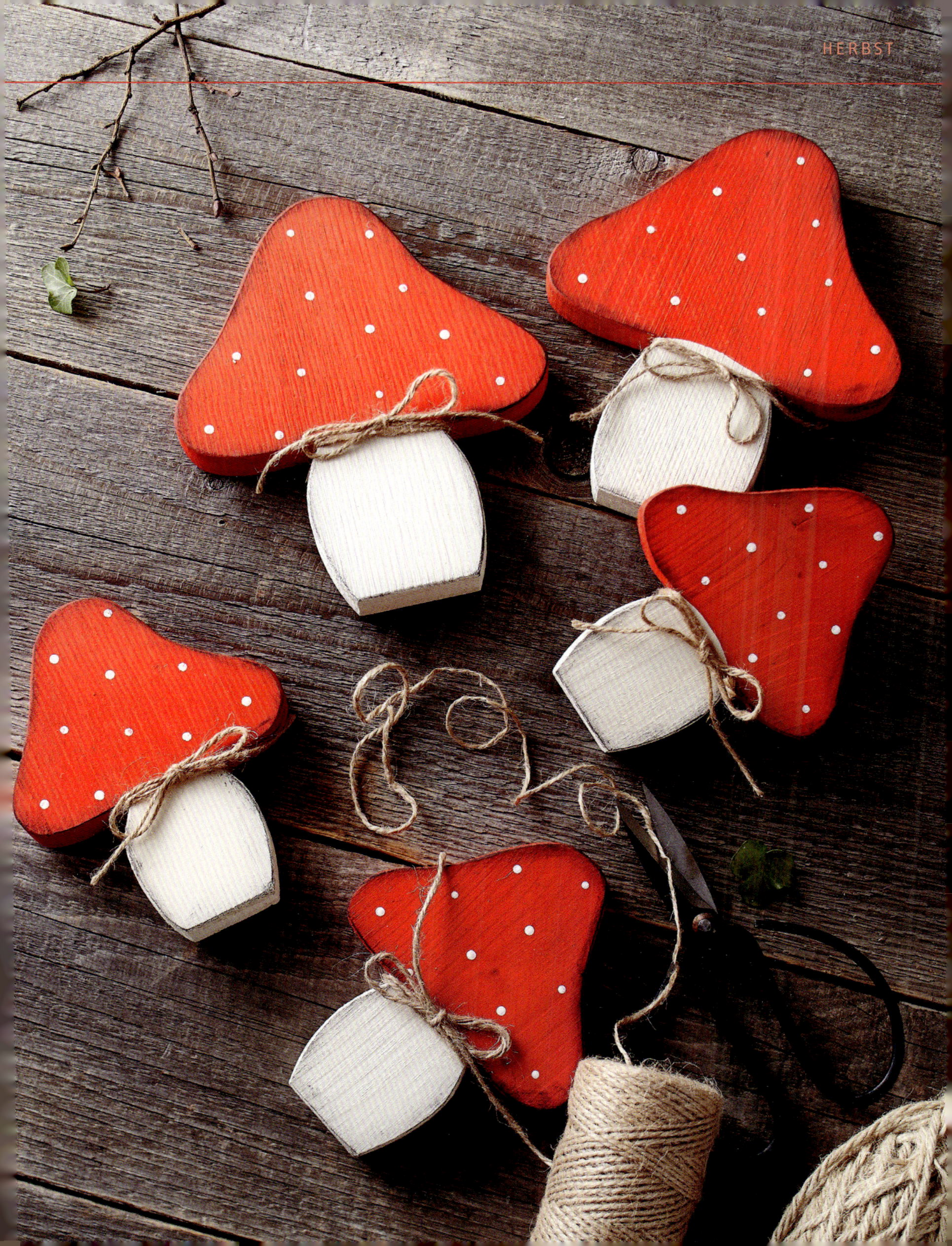

Familie Igel

mit ihrem Nachwuchs

MOTIVHÖHE
ca. 11 cm und 14 cm

MATERIAL

GROSSER IGEL
- Leimholz 1,8 cm stark, 22 cm × 17 cm

KLEINER IGEL
- Leimholz, 1,8 cm stark, 17 cm × 13 cm

- Acrylfarbe in Weiß, Rotbraun und Schwarz
- Kreidefarbe in Dunkelbraun
- Schaschlikspieß
- weißer Lackstift, permanent
- schwarzer Lackstift, permanent

VORLAGE
Bogen 1B

1 Die Igelfamilie vom Vorlagenbogen auf das Holz übertragen, aussägen und die Kanten mit Schleifpapier brechen.

2 Zeichnen Sie die Teile des Igels zuerst mit Bleistift vor. Danach bemalen Sie den Kopf in Weiß, der Körper wird entweder in Dunkelbraun oder Rotbraun gefärbt. Die Nasen sollten gegengleich angemalt werden. Arbeiten Sie genau, da die Seitenränder nicht mehr bearbeitet werden. Mit der Rückseite genauso verfahren.

3 Nach dem Trocknen wird mit Hilfe eines Schaschlikspießes und schwarzer Farbe das Auge aufgetragen. Zu guter Letzt noch mit dem schwarzem Stift den Mund aufzeichnen und mit dem weißen Lackstift die Igelstacheln aufmalen.

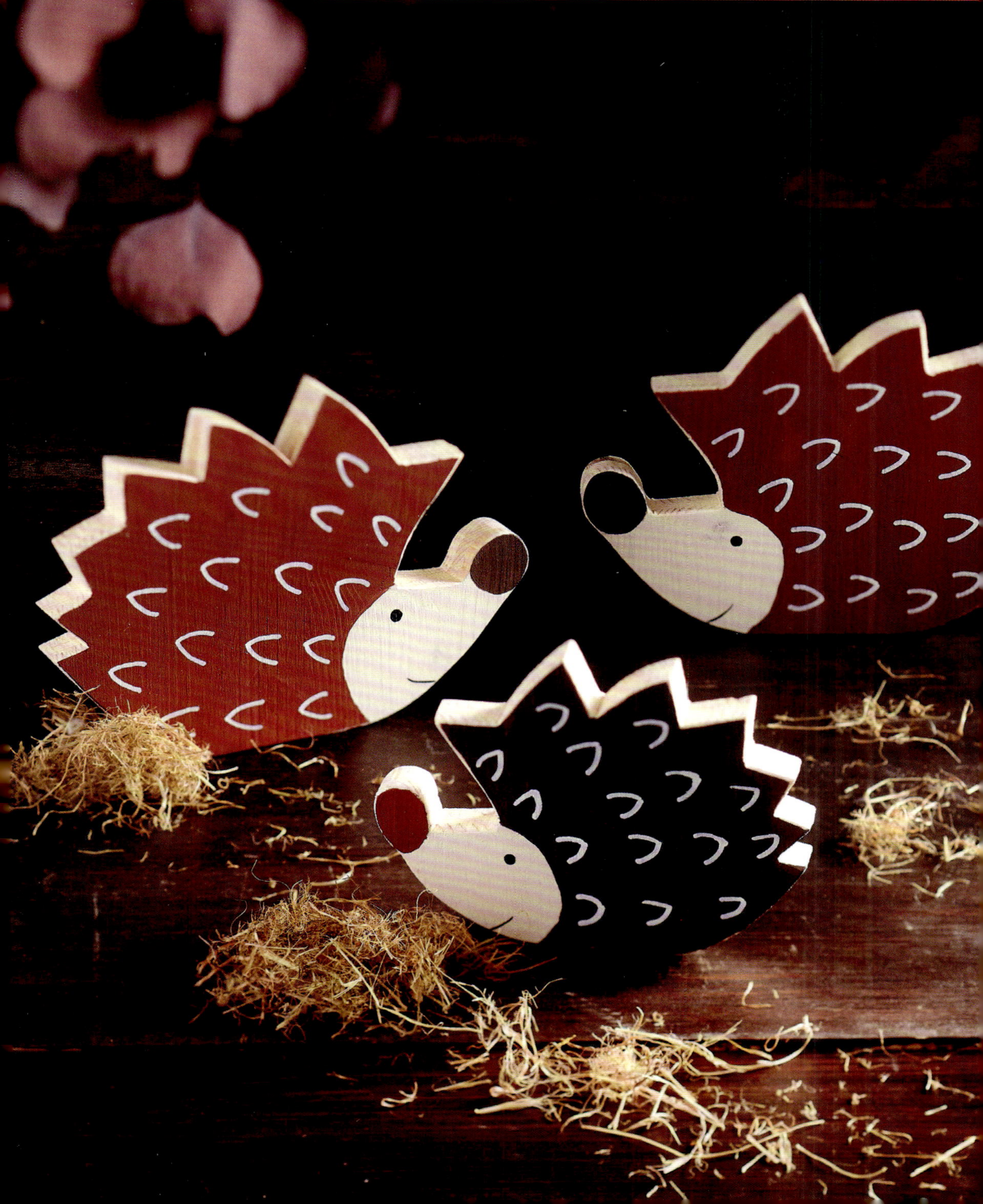

Lustige Wichtel

farbenfrohe Zeitgenossen

MOTIVHÖHE
ca. 17 cm und 22 cm

MATERIAL
GROSSER WICHTEL

- Leimholz, 1,8 cm stark, 12 cm × 21 cm
- Wollfilz in Bordeaux und Petrol, 14 cm × 38 cm
- Langhaarplüsch in Weiß, 10 cm × 6 cm
- Holzhalbkugel in Natur, ø 25 mm
- 2 Tieraugen in Schwarz, ø 7 mm

KLEINER WICHTEL

- Leimholz, 1,8 cm stark, 9 cm × 15 cm
- Wollfilz in Braun-Wollweiß und Aubergine, 11 cm × 26 cm
- Langhaarplüsch in Weiß, 10 cm × 4 cm
- Holzhalbkugel in Natur, ø 20 mm
- 2 Tieraugen in Schwarz, ø 5 mm

- Stecknadeln
- Schere
- Nähmaschine (alternativ Nadel und Faden)
- Heißkleber

VORLAGE
Bogen 2A

1 Die Wichtel laut Vorlage aus dem Leimholz aussägen und die Kanten rundherum mit Schleifpapier glätten.

2 Die Schablone für die Wichtelmütze legen Sie zweimal auf das Wollfilz und schneiden sie zu. Nun die zwei Filzteile deckungsgleich aufeinanderlegen, mit Stecknadeln fixieren und die Naht füßchenbreit bis zur Markierung nähen. Die Mütze wird nun gewendet und die oberen Filzstreifen werden miteinander verknotet. Danach bekommt der Wichtel seine Kopfbedeckung: Sie wird mit dem Heißkleber ringsherum am Holz befestigt.

3 Für den Wichtelbart das Langhaarplüsch zuschneiden und mit Heißkleber am Holz festkleben.

4 Zum Schluss noch die Holzhalbkugel und die Augen laut Vorlage anbringen.

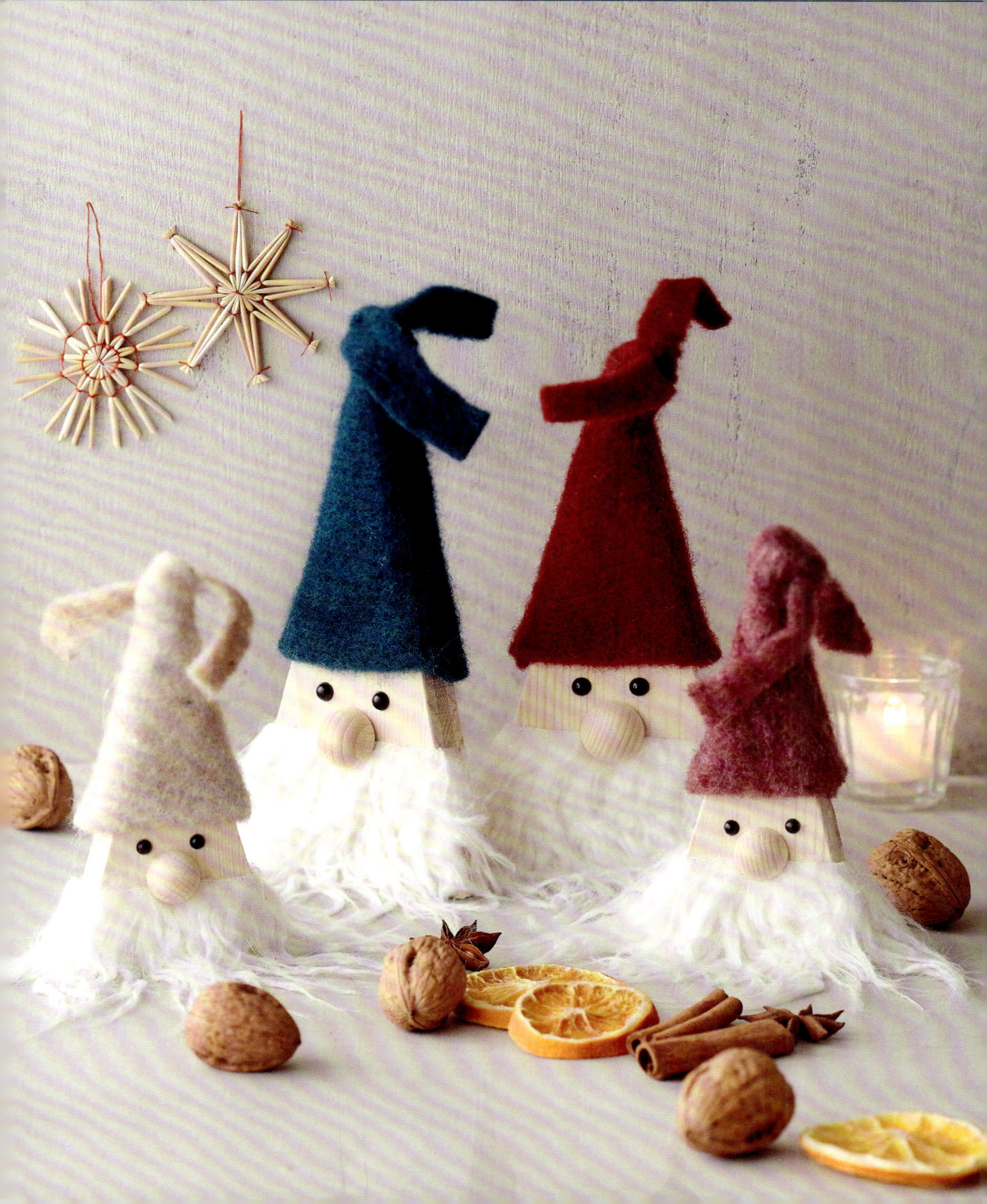

Glückswächter Stern

verschönert die Weihnachtszeit

MOTIVHÖHE
ca. 54 cm

MATERIAL
- Holzklotz, 8 cm × 8 cm × 11 cm
- Holzklotz, 5 cm × 5 cm × 8 cm
- 2 Holzwürfel, 4,5 cm × 4,5 cm × 4,5 cm
- Leimholz, 1,8 cm, 14 cm × 28 cm
- Leimholz, 1,8 cm, 9 cm × 9 cm
- 2 Holzkugeln, durchbohrt, ø 4 cm und 5 cm
- Acrylfarben in Bordeaux und Dunkelbraun
- Kreidefarbe in Nougat
- Metallrundstab, ø 6 mm, 45 cm lang
- Holzbohrer, ø 6,5 mm
- Juteschnur, ca. 30 cm lang
- Heißkleber
- Schere

VORLAGE
Bogen 1B

1 Die Sterne und den Kreis aus dem Leimholz aussägen.

Die Holzklötze nach Materialangabe zuschneiden und alle Kanten rundherum mit Schleifpapier glätten.

2 Bohren Sie den größten Holzklotz mittig 5 cm ein, mit einem Stern verfahren Sie genauso (siehe Markierung Vorlagebogen). Die restlichen abgeschliffenen Holzteile werden mittig durchbohrt.

3 Die Sterne werden in Bordeaux, der Kreis sowie der Holzklotz (5 cm × 5 cm × 8 cm) in Nougat und die restlichen Holzteile in Schokobraun angemalt.

4 Nach dem Trocknen stecken Sie den Stab in den größten Holzklotz und fixieren diesen mit Heißkleber. Im Anschluss fädeln Sie alles wie abgebildet auf und bringen noch die Schleife an.

Unser Tipp für Sie

Die Teile des Glückswächters sind beweglich, alternativ können Sie diese mit Heißkleber fest fixieren.

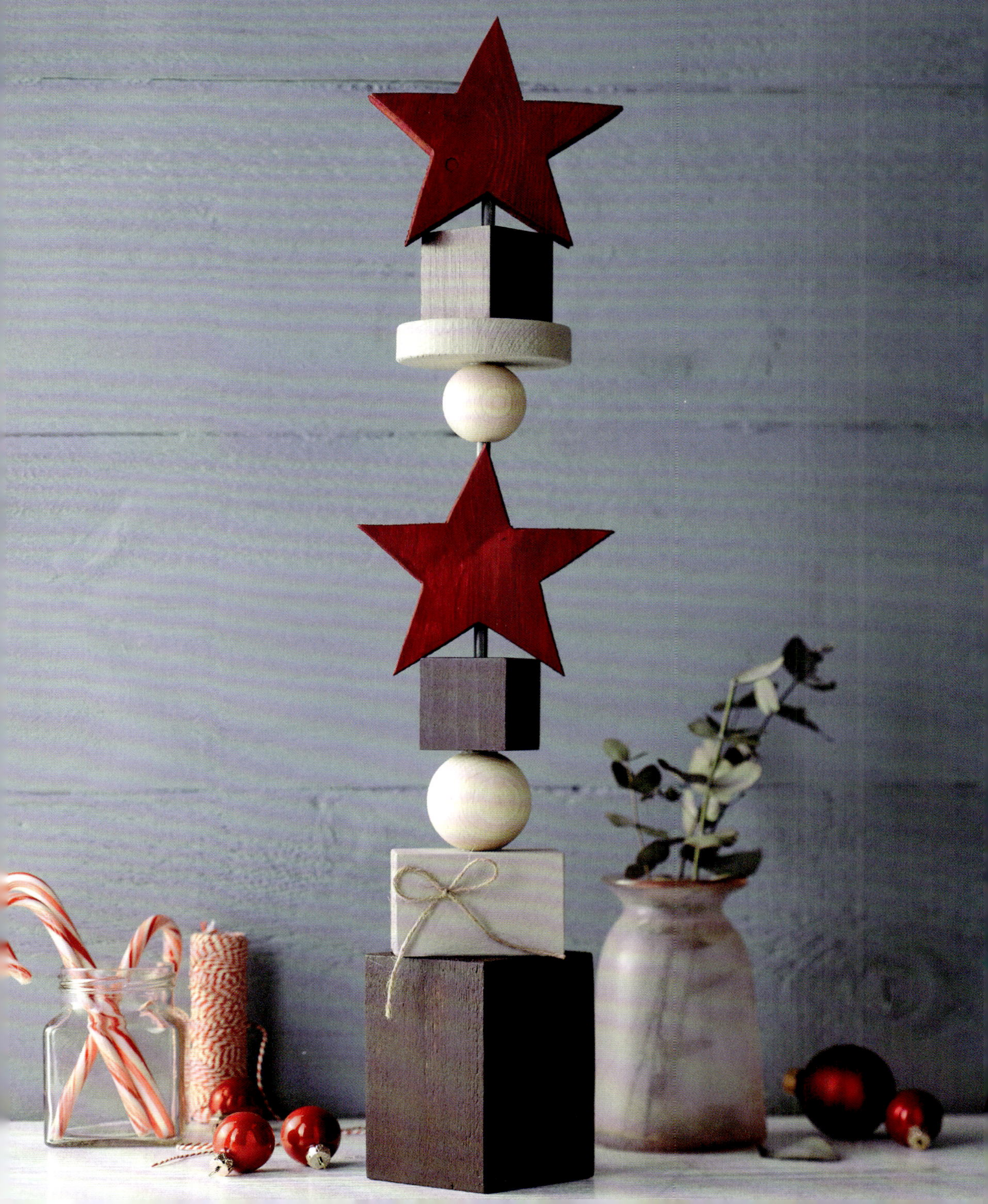

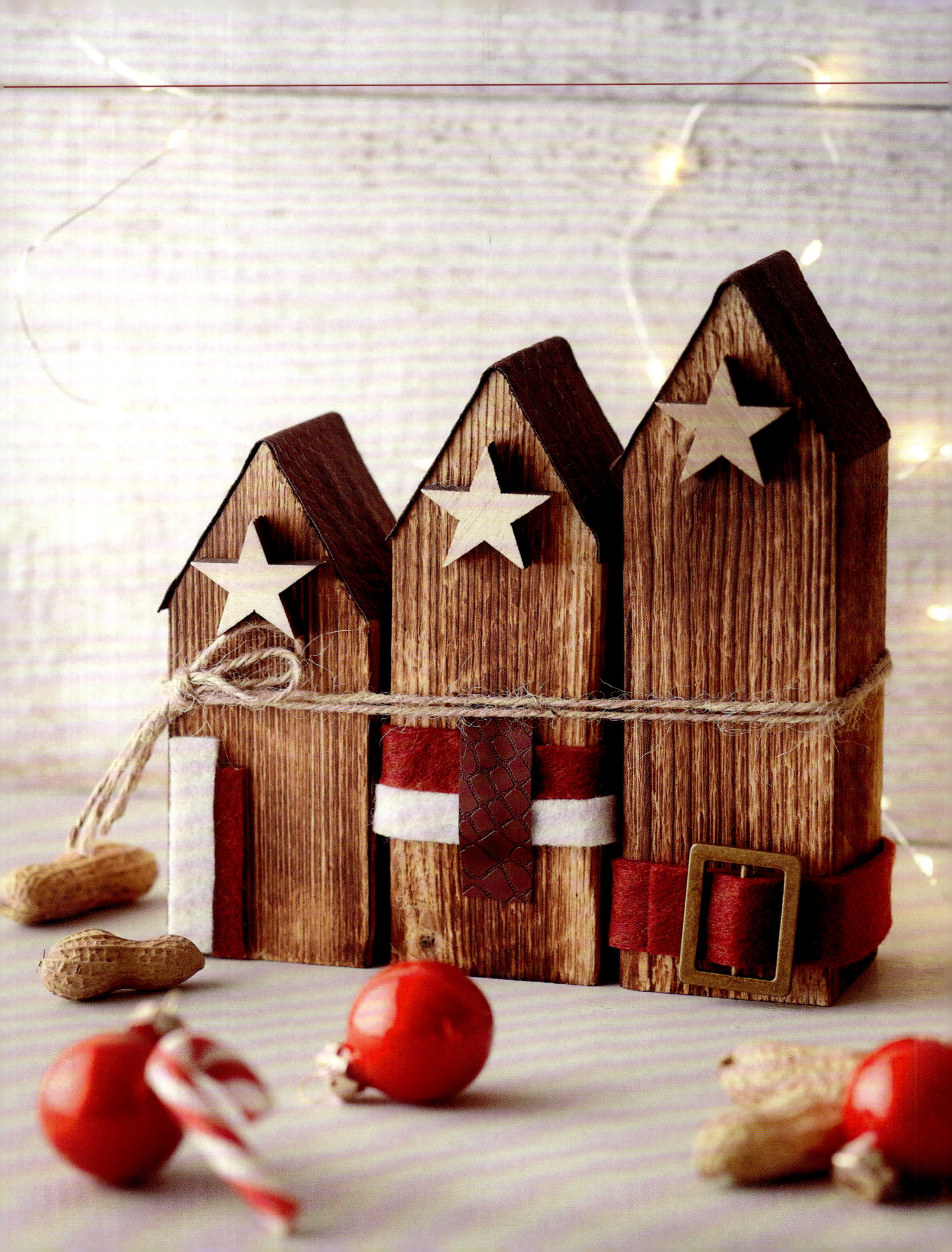

Häuser-Trio

weihnachtliche Dekoration

MOTIVHÖHE
ca. 16 cm

MATERIAL

GROSSES HAUS

- Filz in Dunkelrot, Stärke 3 mm, 2,5 cm × 24 cm
- Gürtelschnalle, 2,5 cm × 3 cm

MITTLERES HAUS

- Filz in Dunkelrot, Stärke 3 mm, 1,5 cm × 19 cm
- Filz in Beige, Stärke 3 mm, 1 cm × 19 cm
- Schlangenlederimitat in Dunkelrot, 2,5 cm × 5,5 cm

KLEINES HAUS

- Filz in Dunkelrot, 3 mm, 5 mm × 4,5 cm
- Filz in Beige, 3 mm, 1 cm × 5 cm

- 3 Holzklötze, 4,5 cm × 4,5 cm in 12 cm, 14 cm und 16 cm Länge
- 3 × Schlangenlederimitat in Dunkelrot, 4,5 cm × 10 cm
- 3 Holzsterne, ca. 2,5 cm
- Bunsenbrenner
- Drahtstahlbürste
- Bastelkleber
- Juteschnur, ca. 1,20 m lang
- Heißkleber
- Schere

VORLAGE
Bogen 1B

1 Die Holzklötze laut Vorlage anzeichnen, zusägen und grob mit Schleifpapier die Kanten brechen.

2 Danach flammen Sie die Häuser rundherum mit dem Bunsenbrenner und bearbeiten mit der Drahtstahlbürste die Oberflächen in Maserrichtung.

3 Das Schlangenlederimitat zuschneiden und mit dem Bastelkleber auf die Dächer kleben.

4 Nun den zugeschnittenen Filz, das Schlangenlederimitat und die Gürtelschnalle wie auf dem Foto mit dem Heißkleber auf die Häuserfronten anbringen.

5 An die Häusergiebel die Sterne mit Heißkleber fixieren.

6 Zum Schluss noch das Häuser – Trio mit der Juteschnur zweimal umwickeln, verknoten und die Enden zu einer Schleife binden.

Unser Tipp für Sie

Bürsten Sie nach dem Flammen immer entlang der Maserung, um unschöne Kratzer zu vermeiden.

Tannenbäume

schlicht und einfach

MOTIVHÖHE
ca. 32 cm und 23 cm

MATERIAL
GROSSE TANNE
- Leimholz 1,8 cm stark, 18 cm × 32 cm

KLEINE TANNE
- Leimholz, 1,8 cm stark, 14 cm × 24 cm

- 3 Holzklötze, 8,5 cm × 6,5 cm × 2,5 cm
- Acrylfarbe in Weiß und Elfenbein
- Kreidefarbe in Mistel
- Holzbohrer, ø 6,5 mm
- 3 Holzdübel, ø 6 mm, 3 cm lang
- Holzleim

VORLAGE
Bogen 2A

1 Die Motive vom Vorlagenbogen auf das Holz übertragen, aussägen und die Kanten mit Schleifpapier brechen.

2 Die Tannenbäume laut Markierung 2,5 cm und die Holzklötze mittig 1 cm tief einbohren.

3 Grundieren Sie die Tannen mit der weißen Acrylfarbe und bemalen Sie die Holzklötze in Elfenbein. Danach alles gut trocknen lassen. Nun die Kreidefarbe auf die Tannen ungleichmäßig auftragen.

4 Nach dem Trocknen wird mit Schleifpapier in Maserrichtung stellenweise die Farbe abgeschliffen. Ebenso wird an den Rändern verfahren.

5 Die Holzdübel mit den Holzklötzen verleimen.

6 Abschließend in die Bohrung der Bäume wenig Holzleim geben und diese dann auf den Dübel stecken.

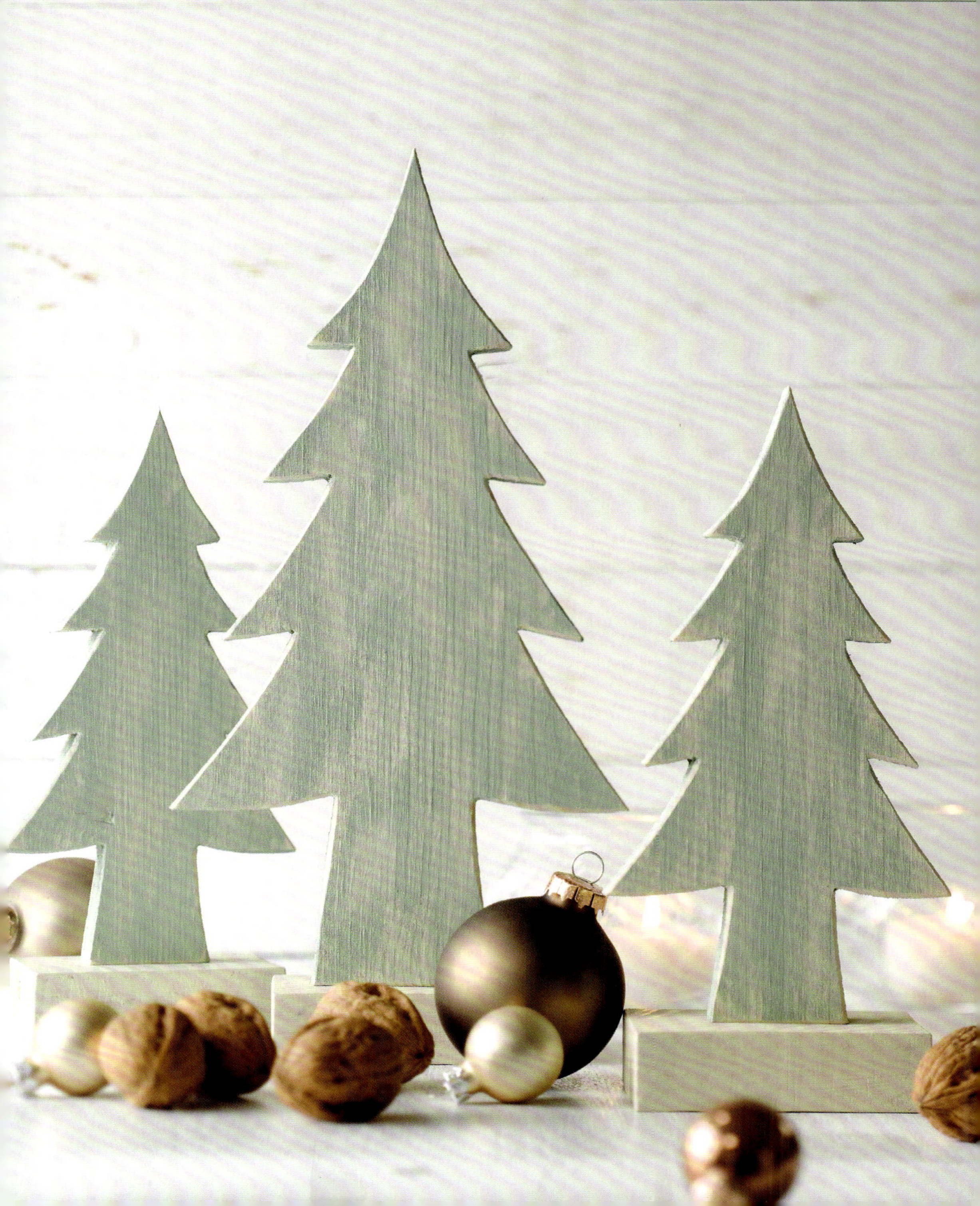

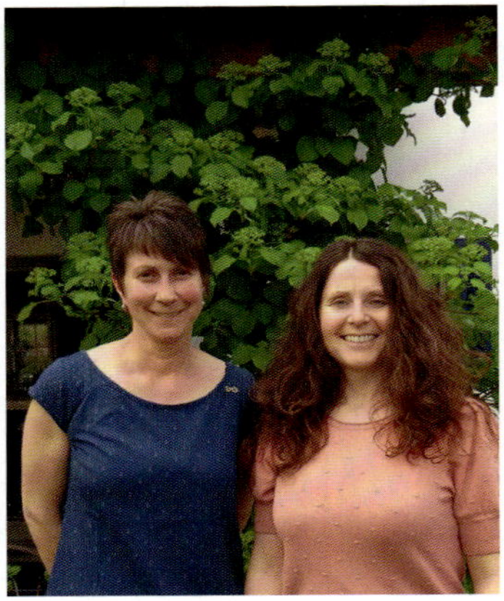

MELANIE HÜTTINGER UND MARION SALOMON

Melanie Hüttinger und Marion Salomon wohnen mit ihren Familien in einem Dorf im Herzen des Naturparks Altmühltal. Melanie Hüttinger arbeitet als kaufmännische Angestellte, während Marion Salomon als Fachlehrerin für Ernährung und Gestaltung unterrichtet. Verbunden durch ihre langjährige Freundschaft und die Liebe für Selbstgemachtes, entstand die Idee, Dekoartikel aus Holz zu fertigen. Seitdem verzaubern sie mit ihren handgefertigten Kreationen und teilen ihre Leidenschaft mit ihrer Community.

DANKE!

Die Autorinnen bedanken sich bei den Firmen Buttinette, Rayher und VBS-Hobby für die freundliche Bereitstellung von Materialien.

TOPP – Unsere Servicegarantie

WIR SIND FÜR SIE DA! Bei Fragen zu unserem umfangreichen Programm oder Anregungen freuen wir uns über Ihren Anruf oder Ihre Post. Loben Sie uns, aber scheuen Sie sich auch nicht, Ihre Kritik mitzuteilen – sie hilft uns, ständig besser zu werden.

Bei Fragen zu einzelnen Materialien oder Techniken wenden Sie sich bitte an unseren Kreativservice, Frau Erika Noll.
mail@kreativ-service.info
Telefon 0711 / 123 757 20

Das Produktmanagement erreichen Sie unter:
pm@frechverlag.de
oder:
frechverlag
Produktmanagement
Dieselstraße 5
70839 Gerlingen
Telefon 07 11 / 8 30 86 68

LERNEN SIE UNS BESSER KENNEN! Fragen Sie Ihren Hobbyfach- oder Buchhändler nach unserem kostenlosen Magazin **Meine kreative Welt**. Darin entdecken Sie zweimal im Jahr die neuesten Kreativtrends und interessantesten Buchneuheiten.

Oder besuchen Sie uns im Internet! Unter **www.topp-kreativ.de** können Sie sich über unser umfangreiches Buchprogramm informieren, unsere Autoren kennenlernen sowie aktuelle Highlights und neue Kreativtechniken entdecken, kurz – die ganze Welt der Kreativität.

Kreativ immer up to date sind Sie mit unserem monatlichen **Newsletter** mit den aktuellsten News aus dem frechverlag, Gratis-Bastelanleitungen und attraktiven Gewinnspielen.

IMPRESSUM

FOTOS: frechverlag GmbH, 70839 Gerlingen; lichtpunkt, Michael Ruder, 70176 Stuttgart (Modellfotos); Melanie Hüttinger und Marion Salomon (Schrittfotos)

PRODUKTMANAGEMENT UND LEKTORAT: Melissa Portz, Selina Meier

HERSTELLUNG: Katrin Röhlig

SATZ: Fotosatz Buck

DRUCK: Tiskárna Grafico s.r.o., Tschechische Republik

MIX Paper from responsible sources FSC® C114952

Penguin Random House Verlagsgruppe FSC® N001967

1. Auflage 2022

ISBN 978-3-7724-4639-9 • Best.-Nr. 4639